想像一下這樣的情景：你在市中心搭上一班列車，不必趕往機場，穿越航空站，沒有誤點，不必坐在跑道上等待，沒有行李遺失的問題，不必脫鞋接受安檢。想像看看，以超過一百英里的時速掠過一座座城鎮，只需走幾步路就可抵達公共運輸，到了下車的車站，距離你要去的地點也只有短短幾個街區。想想看，若能按此方法重建美國，會是多麼美妙的事情。

——美國總統 歐巴馬，二〇〇九

11 下一座偉大的城市——賓州．費城

美國國鐵六十八號列車在短短幾個鐘頭內第四度臨時停車，這次停在一片田野上，只見不少馬匹在一幢白色農舍前悠閒地吃著草。這時候，我努力想像未來也許會有這麼一天，火車將成為和汽車及飛機一樣有效率的城際運輸工具。對於這班列車上的數百名乘客而言，被困在紐約上州這條田野間的側線上動彈不得，白宮承諾百分之八十的美國人皆可享有高速鐵路連結之便的願景，顯然遙不可及。幾分鐘後，一輛老舊的小貨車在平行於軌道的一條黃土路上從我們旁邊駛過，車後揚起一陣塵土，完全遮蔽了我們的視線。

這班火車在上午九點半從蒙特婁中央車站開出，我在發車前的十分鐘才上車。我把行李放好後，在一個靠窗的座位上坐了下來，聆聽周圍乘客的交談。五、六個羅格斯大學的教授談論著搭火車旅行的樂趣，他們大多數人說起話來都帶著印度與南非口音。

「坐火車看到的風景比搭飛機漂亮多了，」一個滿頭銀髮的男子說。我們搭乘的阿迪

朗達克列車（Adirondack）就在這時緩緩駛離月台，在蒙特婁市中心的邊緣工業區慢慢前進，軌道兩旁盡是牆面滿是塗鴉的倉庫。

「風景？」他身旁一個年紀較輕的同事附和道：「搭飛機根本沒有風景可看。只要一飛上三萬英尺的高空，窗外就成了白茫茫一片，什麼也看不到，只看得到前座椅背上的電影。」

一位女子從後面兩排應和道：「而且我聽說以後搭飛機連看電影都要收錢了。」

在這個星期天上午，搭乘火車似乎是最划算的選擇。座椅的椅背不但可傾斜，腿部空間也相當充裕，又不必提著行李接受安檢。望向窗外，滿是鏽斑的橋梁橫跨在古老運河上，遠方有十座銀色尖塔矗立，這幅平靜的景象讓人不禁陷入沉思。此外，價格也很理想：從蒙特婁到紐約，我找得到的最便宜機票也是搭乘阿迪朗達克列車的三倍價錢。

然而，一個小時之後，我們卻還沒駛出蒙特婁的南部市郊。我們這列四節車廂的火車在一條鄉間道路上暫停了十分鐘，被擋住的汽車因此在火車兩側形成長長的隊伍。接著，我們才緩緩前進幾百碼，來到勞瑟斯點（Rouses Point）的邊界檢查亭。加拿大與美國官員上車一一查驗乘客護照，並沒收蘋果和柳丁，這時我身後的南非裔男子突然大聲說了一句話——他彷彿自言自語，又彷彿是對所有人宣告：

「問題是，火車實在太他媽的慢了。」

車廂內響起眾人低語贊同的聲音。在費時一個小時的海關檢查手續期間，這種嗡嗡唧唧的牢騷聲都沒斷過。我們過了西港（Westport）之後，又在田野間停了下來，我身後的一對夫婦甚至忍不住哀嘆出聲。

最後，車廂廣播響起了車掌的聲音。「本列車將在這條側線上等待十分鐘左右，」他慢聲慢氣地說：「等到補給火車六十九號列車經過之後再繼續行駛。」

那班開往蒙特婁的列車轟隆隆駛過之後，我們總算才再次開動。這種延誤通常由貨運列車造成，早已是火車乘客習以為常的現象。美國國鐵在美國大部分地區都沒有自屬的鐵路。阿迪朗達克列車行駛的軌道分屬於加拿大太平洋（Canadian Pacific）、CSX運輸及其他貨運公司所有，不但必須為此支付使用費，也經常得讓路給貨運列車先過。直到接近紐約，我們才開始加速彌補先前浪費的時間，呼嘯著飛馳經過班納曼城堡（Bannerman's Castle）與塔潘澤橋（Tappan Zee Bridge）這座懸臂橋。我們在八點五十五分抵達賓州車站，延遲了十五分鐘。

阿迪朗達克列車若是準時，只需十一個小時即可橫越三百八十一英里的距離，從蒙特婁開抵紐約。你要是有一天的空閒時間，搭乘這班列車會是絕佳選擇。我在車上看完了一整本書，還得知鄰座乘客的人生故事——他是個來自奧克蘭的年輕劇作家，在蒙特婁的一場單身派對上徹夜未眠而顯得多愁善感。不過，平均時速只有三十四英里的阿迪朗達克列車實在慢得令人難受。

假使我是在一九六〇年進行這趟旅程，速度絕對會快上許多，而且也更加體面。每天晚上十點二十五分，蒙特婁特快車（Monteal Limited）就會在流線型的不鏽鋼火車頭拖行之下駛出溫莎車站（Windsor Station）。到了午夜，這班車已經通過邊界，而乘客在交誼車廂享用過一杯美酒之後，服務員也已為他們鋪好床鋪，於是他們即可回到普爾曼標準車輛製造公司（Pullman Standard）生產的車廂，各自返回小臥鋪或豪華雙人臥鋪裡安睡。隔天上午，距離發車九個小時出頭之後，列車即抵達目的地，於是經過充分休息的乘客便在中央車站下車，準備進城展開忙碌的一天。

不久之前，在北美洲搭乘火車旅行原是備受世人欣羨的體驗。截至一九二〇年代，美國共有三十八萬英里的軌道，比任何國家都還多。早在一九三四年，柏林頓北方鐵路公司的先鋒者微風號（Pioneer Zephyr）就以平均七十八英里的時速橫越美國中西部鄉間，而且在從丹佛到芝加哥這段中途不靠站的路程上，時速更是經常可達一百一十二英里。在五〇年代，搭乘奧希列車（Olympian Hiawatha）從芝加哥到明尼亞波利只需四個半小時（今天，搭乘美國國鐵的帝國創建者列車〔Empire Builder〕則需要八小時。）裝潢華麗的臥鋪車廂以及足以和紐約頂尖主廚相比擬的隨車廚師，使得美國許多火車——例如開往好萊塢的超級酋長號（Super Chief）——都成為世人口中光鮮亮麗的代名詞。而且，北美洲的火車也的確創下過不少世界記錄：一九六七年，「動力列車」（TurboTrain）這部車頭形狀有如噴射機的燃氣渦輪火車打破了高速旅行的記錄，在一條通往紐澤西的軌道上達到一百七十一英里的時速。不過，美國最後一家鐵路機動車生產商在二〇〇八年宣告倒閉，於是美國這個國家雖然發明了電車、臥鋪車廂與導電弓，國民現在卻只能搭乘西班牙製的泰爾戈列車（Talgo）、法國生產的

HHP－8列車，以及日本的二手輕軌列車。美國的鐵路網原本縱橫交錯，路線曾經廣布全國，抵達每一座小鎮，現在卻縮減到只有十萬英里，與一八八一年的水準相同。二〇一〇年，美國國鐵傲然宣布乘客數創下兩千九百萬人的新高——這個記錄還算不差，除非和二〇年代相比：當時美國火車一年載運的乘客是十三億人次。

隔天下午，我坐在曼哈頓中城一座火車站的等候廳裡。除了我之外，那間由螢光燈照明的廳堂裡還有一群企業人士，男士們都鬆開了領帶，女士們則全穿著訂做套裝。我坐在現場，不禁納悶美國的鐵路運輸究竟是從什麼時候開始出了錯。也許是在六〇年代，當時美國許多絕佳的火車站都遭到拆除，包括亞特蘭大的終端車站（Terminal Station；後來這裡成了政府機構的水泥大樓）、孟菲斯的聯合車站（現在是一座周圍環繞著鐵絲網的郵局）以及最令人惋惜的舊賓州車站。原本的賓州車站建於一九一〇年，有著由玻璃與鐵條構成的高聳頂棚以及石灰華大理石構成的天花板，卻在一九六三年遭到夷平，改建成一座陰鬱的現代主義式迷宮，上方還有一座醜陋的球場。原本的等候廳是仿造卡拉卡拉大帝（Caracalla）時代的羅馬浴池，現在我坐在其中的新賓州車站的等候廳則是低矮的天花板，感覺比較像是一座二線地方機場的登機門。五點五十分，車站廣播引導我們前往東門排隊，準備搭乘美國唯一的高速列車。

能在兩小時四十五分鐘內從紐約駛達華盛頓特區的艾瑟拉快線列車，是相當傑出的列車。由魁北克的龐巴迪公司與法國的艾斯敦公司聯手打造，每一部列車都有兩個火車頭、一節餐車與四節旅客車廂，動力來自於軌道上方的吊架線。我穿過第一節車廂，裡面坐滿了人，但我在「寧靜車廂」裡找到一個位子，鄰座是個灰髮男子，持著Kindle正讀著一本間諜驚悚小說。在我們前方的車廂，服務人員正以銀色推車為頭等艙乘客端上牛排和烤魚。隨著我身周的旅客紛紛打起瞌睡或是盯著手上的黑莓機，艾瑟拉快線列車的表現顯然也名符其實，從九十五號州際公路的尖峰時刻車陣旁飛馳而過。

儘管尖峰時刻的單程票價可高達兩百美元，艾瑟拉快線列車卻經常客滿。美國國鐵的東北走廊線（Noretheast Corridor；這是美國國鐵唯一自有的軌道）已吃掉波士頓與華盛頓特區之間航空與鐵路運輸的一半市場，在紐約與美國首都之間更占有六成。哈佛史學家史蒂爾格指出：「艾瑟拉快線列車的服務初步證明了富裕人士在四百至五百英里距離的旅程上，可能願意放棄汽車與飛機，而改搭高速鐵路。」

不過，就國際標準而言，艾瑟拉快線列車的表現其實不盡理想。我站在餐車裡排隊等著喝一碗蛤蜊巧達湯，剛好看到一名車掌經過，於是問他覺得我們現在的速度有多快。

「我們現在的時速大約一百三十五英里，」他說：「可是我們剛剛在麻州有一段時間達到一百五十。」

我問他車上有沒有像歐洲許多列車那樣，配有顯示目前列車速度的螢幕。

「沒有，」他說：「實在應該要有。看來我們有很多地方都落後人家了。」

越過德拉瓦河（Delaware River）上的桁架橋之後——那座橋上標示著一排大字：「特崙頓

（Trenton）建造，供世人享用」——我們就開始減速。艾瑟拉快線列車的極速雖可達到每小時兩百英里，在紐約與華盛頓特區之間的平均時速卻只能勉強達到八十八英里。若是在歐洲，艾瑟拉快線列車只能算是區域快車，而不是真正的高速列車。半個世紀之前，賓州中央公司（Penn Central）的快速火車也經常能以更短的時間行駛同樣的距離。

美國的列車至少有兩大技術問題，以致難以達到目前歐洲與亞洲民眾早已習以為常的速度。一九四七年，美國國會將旅客列車的時速上限訂定為七十九英里，只有設有列車自動控制系統的軌道可例外。（列車自動控制系統類似於我在巴黎地鐵看到的那套系統：列車司機若是沒有定時觸碰控制開關，「駕駛失知制動裝置」就會自動剎住列車。）列車自動控制系統應該是現代鐵路的標準設備——東北走廊線早就採用了這種設備——但握有大部分鐵路的貨運公司卻以安裝這種設備必須花費數十億美元而持反對立場。就目前而言，北美洲是全世界唯一限制旅客列車速度的地方。

另一個問題是沒有電氣化。除了東北走廊線以外，北美洲幾乎所有的火車頭都是使用石化燃料。電氣化可以減少塞車現象，進而提高可靠度：由於電力驅動的火車頭重量較輕，加減速都可比柴油火車頭快上許多，而且所需的維修工作也比較少，因此以高架電線提供動力的鐵路線所能行駛的車廂數也就多出許多。在亞洲與歐洲致力為低碳排放的電力列車興建基礎設施的同時——就連西伯利亞鐵路也採用電力，其軌道上方的電線延伸穿越了六千英里的針葉林與凍原——美國的通用汽車卻忙著說服國內少數幾條電力鐵路拆除電線，只為了兜售柴油動力火車頭，而且還搭配提供極易申請的貸款。另一方面，全球目前已有二十個國家興建了高速電力鐵路網，連巴西、摩洛哥與越南都已開始打造這種系統。（加拿大是七大工業國當中唯一完全沒有高速鐵路的國家。）

不過，美國之所以一直無法建出一套像樣的高速電力鐵路，最大的問題還是在於這個觀念：無法自負盈虧的運輸系統，就沒有理由存在。[1]與一般人的認知相反，東北走廊線並未替美國國鐵帶進利潤。事實上，全世界只有少數幾個地方的高速旅客鐵路能賺得利潤——其中包括巴黎—里昂以及東京—大阪之間的子彈列車路線。如同麥康門斯在他的著作《在火車上等待》當中強調的，在二十世紀期間，全世界只有美國的鐵路網仍然完全保持私有。這個模式一旦失效，美國鐵路也就從此衰頹沒落。為了讓賓州中央公司這類的大型鐵路公司退出萎靡不振的旅運業，尼克森政府在一九七一年成立公營的美國國鐵。美國國鐵的列車若是要真正能與汽車及飛機競爭，就需要像公路信託基金一樣，有穩定的專屬資金來源。在聯邦政府財源充裕時，美國國鐵一年可獲得十五億美元的補助，但其本身的售票收入也足以支應三分之二至四分之三的營運成本。相對之下，高速公路在二〇一〇年得到的聯邦補助金額是五百二十億美元，而且是供用路人免費使用。

現在，貨運列車才是利潤所在。隨著油價上漲，鐵路貨運的競爭力也隨之提高。一列火車以一加侖的柴油，即可拖著一噸重的貨物行駛四百英里，比起行駛於高速公路的卡車，前者的燃料效率是後者的七倍——也許這就是為什麼像巴菲特這類富有遠見的投資人，都紛紛在最近開始購買大型貨運公司的股份。有些專家認為，若要建立高速旅客鐵路，最快的方式就是由聯邦政府買下各大貨運公司，將鐵路國有化。如此一來，鐵路的基礎設施就會像高速公路一樣歸國家所有，於是國家即可一視同仁地向貨運和旅客列車收取使用費。（國有化的道德論據是基於當今的貨運鐵路都是鋪設在聯邦政府於十九世紀授予的大片公有土地上。）另一種極端——私有化——已在英國證明不可行。鐵路一旦私有化，除了乘客人數最多的路線之外，恐怕都無法存活。另一種爭議性較低但成本昂貴許多的選項，則是歐巴馬政府提出的構想：展開全國性的鐵路建設計畫，打造一套品質足以與歐亞兩洲相提並論的旅客專用鐵路網。

艾瑟拉快線列車離開紐約才一個小時，車掌就在廣播上宣布我們即將抵達費城——也就是我要下車的車站。我拉著行李走出車廂，站在車廂之間的連接走道等著車門打開，順便向一個三十幾歲的男子攀談，問他是不是到這裡來出差。

「我住在費城，」他邊微笑著回答，邊將拿下耳上的耳機。「可是我在紐約工作，所以我都搭艾瑟拉通勤，一個禮拜三次。」在他身後，一個年紀較大、穿著襯衫繫著領帶的男人主動加入了我們的談話：「我也一樣，一個禮拜至少兩次。這班車的服務很棒，今年只有一兩次因為下雪才誤點。」我問他們，是不是有很多費城居民都在紐約工作。「是啊，」第一個人說：「艾瑟拉班車上有很多和我們一樣的人，有點像是個小社團。」

艾瑟拉快線列車顯然和日本及法國的子彈列車產生同樣的效果：高速鐵路讓人得以到

其他城市工作，但仍然住在自己的家鄉。

我在月台搭上手扶梯，抬頭仰望一根根大理石柱向上伸展至飾有花格鑲板的天花板，對這幅宏偉的景象嘆為觀止。這裡是費城的第三十街車站，完工於經濟大蕭條正值谷底的一九三三年。在我抵達費城的兩個月前，美國副總統拜登站在車站裡的擦鞋台旁的一座講台上，承諾將在未來六年內投注五百三十億美元興建高速鐵路。後續幾週，佛羅里達、威斯康辛與俄亥俄州的共和黨州長都拒絕分攤這項經費。加州藉機從這筆遭到拒絕的資金當中爭取到將近十億美元，打算建造一套時速兩百二十英里的列車系統，連接灣區和聖地牙哥。這項計畫可讓舊金山到洛杉磯的旅程時間縮短兩個半小時，預計將在二〇三〇年之前花費四百三十億美元——這筆金額雖然龐大，但若是擴張機場與高速公路的容量以因應加州未來預計的人口成長，花費將較此多出不知凡幾。但在二〇一一年十月，眾議院的共和黨黨團卻表決取消了幾乎全數的高速鐵路資金，導致加州的計畫胎死腹中，而歐巴馬政府打算建立現代國家鐵路網的願景也因此畫下句點。未來的史學家也許會認為這是北美洲未能跟上亞洲基礎建設的一個關鍵時刻。原本的加州高速鐵路網計畫並非鋪張浪費，而是因應愈來愈嚴重的塞車現象所需的合理措施，並能複製到全國。美國有百分之七十的人口都住在東、西兩岸的五十英里以內，中西部的面積與人口密度則是和西班牙相當，而西班牙早已在不到十年內建構了全套高速鐵路網。

搭乘高速列車飛快穿越一座座的城鎮，旅程的開頭與結束都仰賴大眾運輸，這樣的夢想究竟切不切合實際？要是你認為納稅人不該優先資助缺乏永續性的運輸系統，那麼這個問題絕對只有肯定的答案。高速公路與機場的成本非常高昂，而且還會造成污染、都市蔓延以及溫室氣體排放。如同我在巴黎與哥本哈根所目睹的，相較於汽車或飛機，城際鐵路網不但能降低碳排放，還可提供更加舒適便利的旅行體驗。（就每名乘客每英里的平均而言，即便是美國國鐵那種缺乏效率的柴油火車頭，碳排放量也比汽車少了百分之六十。）

如果你對城市的未來有信心，那麼先前那個問題的答案更是肯定。鐵路可讓旅客直接抵達城市的核心地區，進而為都市中心帶來活力與商業活動。乘客人數眾多的旅客鐵路不是市中心繁榮的必要條件，卻極具振興之效。儘管你可能聽過許多關於費城的負面傳聞，但這卻是一座市中心沒有衰退跡象的城市。

走過第三十街車站的拋光大理石地板，我沿著指標來到地鐵。我在中心城區訂的飯店距離這裡不遠，搭乘地鐵只需要一筆微不足道的車資。我從蒙特婁到費城的這段路途堪稱實現了美夢，從頭到尾都是搭乘大眾運輸與列車。不過，這段路程才不到五百英里，我卻花了十三個小時，可見北美洲的鐵路旅行落後其他地方的程度有多麼遙遠。

在其他工業化國家——包括法國、中國、西班牙與日本——同樣距離的旅程大概都只需要三個小時。

第一城原則

城市規劃專家指出，我們的城市蔓延過廣、交通太壅塞，污染情形也太嚴重。我們該怎麼矯正這些問題？

在這場旅程當中，我已聽過許多人以各種不同的方式回答這個問題。像維拉哥沙與貝尼亞羅薩這類的城市領袖，認為規劃完善的公共運輸是促使城市擺脫嚴重塞車現象的關鍵。像克特金這樣的汽車市郊擁護者，則是呼應萊特的觀點，認為燃料效率更高的汽車以及地區零售商店與就業機會，終究會讓篡奪城市的市郊擁有和城市一樣的活力。根據新市郊主義者的說法，在城市邊緣打造更密集的環境，是都市和諧成長的最佳樣板。與此形成強烈對比的，則是溫哥華的超高度都市主義者，他們認為在大都市裡興建高密度的住宅大樓才是通往低碳未來的永續之道，這項觀點讓人不禁回想起柯比意的光輝城市，唯一足堪慶幸的是溫哥華仰賴大眾運輸，而不是汽車。

儘管這些觀點各自有其本身的推論邏輯，我在其中卻都沒看到足堪做為未來都市發展基礎的模式。單是提供更佳的運輸，顯然是種過於簡化的解決方案：穿越蔓延都市與一座座停車場的單軌列車、現代化電車與高架輕軌列車，只不過是許多昂貴的玩具而已。在都市邊緣興建緊密社區以提高城市密度，是種極度緩慢的過程，而且目前也沒有證據顯示這種做法長期下來能減少汽車的使用。公寓高樓雖可帶來絕佳的都市便利設施，卻不是所有人都想住在密度如亞洲的環境中。

我愈來愈清楚地發現，我們面臨的許多問題其實都可靠著更妥善運用既有的條件來解決。這座大陸上已有將近五百年的城市建設史——西班牙人在一五六五年於佛羅里達州建立了聖奧古斯汀（St. Augustine）——因此我們其實有許多都市結構可以利用。長期以來，戰後的市郊建設一直毫無節制，直到次級房貸風暴才告終止，因此住宅其實處於供過於求的狀態：二〇一一年，美國共有一千八百四十萬棟空置住宅，占全國住宅存量的百分之十一。許多先驅人士早在數十年前即已開始搬回城市內居住——有些人則是從來沒有離開過市區——但此一趨勢即將隨著千禧世代與空巢客湧回城市而加快。與其從無開始，美國人其實應該回收利用既有的鄰里，不論是位於市中心還是內圍市郊。

這就是我來到費城的原因。不諱言，這裡通常不是足跡踏遍全球的都市主義大師會提到的地方。產業空洞化對這座位在鐵鏽地帶東端的城市造成的衝擊比大多數城市都還嚴重。費城的人口在二十世紀中期曾經達到兩百一十萬的高峰，後來在五十年間流失了百分之三十，目前仍有四分之一的費城人口依然生活在貧窮線下。不過，這裡的失業率如今已低於全國平均，而且還在二〇一〇年出現了數十年來首度的人口增加現象——儘管不到百分之一，卻還是增加了一萬八千戶；其中大多數都在市中心，並且讓費城得以從衰頹的鳳凰城手上重新奪回全國第五大城的頭銜。現在有十萬人住在中心城區，使其成為全美居民第三多的市中心地區，僅次於紐約與芝加哥。此外，費城有百分之三十五的家戶不擁有汽車，不但是步行上班的人口百分比最高的城市，更在市長納特（Michael Nutter）的主導下打造出一套涵蓋範圍極廣的單車道，因此費城每天騎單車上班的人數比美國其他城市都還多。

事實證明，費城正適合大眾運輸引導的復興。這座城市的骨架不是良好而已，而是極為傑出。這座暱稱為「第一城」（First City）的城市擁有的架構來自新大陸上最具影響力的都市計畫之一。一六八二年，富裕的英國貴格會信徒威廉·賓（William Penn）在德拉瓦河與斯庫基爾河（Schuylkill River）之間規劃出一座「綠色鄉間城鎮」，以兩條寬敞的大道劃分成四塊。他的規劃是對舊大陸那種擁擠城市——例如剛遭到祝融肆虐的倫敦——的駁斥：間距寬大的格狀街道之間包括了四座大廣場與一座大公園；每一棟獨立的住宅都位於各自的土地中央，周圍環繞著寬敞的庭園與果園。[2]威廉·賓的格狀規劃後來複製到美國上南方與中西部的無數城鎮，卻很快就遭到大量移民抹滅。隨著工廠與作坊出現，住宅土地於是劃分得愈來愈小，並遭一再經手轉賣，主要街道之間也增添了小巷。在主要幹道上蓋得宏偉高聳、在小巷裡則是狹小擁擠的連棟住宅於是成為費城對於紐約廉價出租公寓的回應。這種由紅磚砌成的連棟房屋形成一股西進浪潮，到了一八四〇年已蔓延到目前的市政廳，正介於兩條河流的中間點。十五年後，建案的開發越過斯庫基爾河，擴展到西費城。到處可見的連棟房屋使得費城保有適合步行的緊密結構；十九世紀期間，推銷費城的人士稱其為一座「住宅城市」，連工匠和勞工都能有機會擁有屬於自己的住宅。

如同美國的許多其他城市，鐵路馬車與電車也將費城的成長擴展到原本的步行城市範圍之外，軌道延伸至春園（Spring Garden）、艾利山（Mount Airy）、歐弗布魯克（Overbrook）以及電車大亨擁有房地產的其他地方。溫尼伍德（Wynnewood）、納爾伯斯（Narberth）、哈弗福德（Haverford）與布林莫爾（Bryn Mawr）這些原本的鄉下村莊，紛紛成為上層階級聚居的飛地；這些地方靠著賓州鐵路公司的主線，得以在短時間內抵達市中心的上流社會熱門去處，例如凡納美克百貨公司（Wanamaker's Department Store）。等到汽車開始出現時，鐵路已經在費城驅動了長達一個世紀的成長。五〇年代期間，位在市郊的巴克斯郡（Bucks County）和利未城一樣成了一座大量生產的典型市郊。接著，托爾兄弟建設公司（Toll Brothers）在蒙哥馬利郡（Montgomery County）充分練就其技藝之後，便將其招牌的蔓延式高級開發案推展到全美各地。高速公路時代對費城的影響雖然不亞於其他地方，但這座城市的骨架卻有一大部分都受到鐵路時代鋪設的鋼鐵骨幹而保存下來。

若說費城的都市結構在經歷二十世紀的洗禮之後仍然完好無缺，那麼主要得歸功於貝肯（Edmund Bacon）的影響。他是一個信奉貴格會的名門望族後代，曾在中國上海擔任建築師，後來在一九四九年成為費城市區規劃委員會的主席，並在這個職位上待了三十年。貝肯躬逢大量興建高速公路、現代主義式的水泥建築與市區人口湧向市郊的全盛期，也曾犯過許多錯誤。與周遭環境格格不入，並和通勤鐵路車站相連的市中心購物廣場「東部市集」（Market East）出現之後，原本熱鬧繁榮的市場街就此喪失活力。此外，在貝肯的主持下，費城也從一座位於兩條河流之間的城市變成一座位在兩條高速公路之間的城市。九十五號州際公路將費城與德拉瓦河濱切開；而且，高架的斯庫基爾快速道路將河畔的費爾芒特公園（Fairmount Park）變成一條汽車跑道，更是二十世紀數一數二令人髮指的褻瀆城市之舉。（斯庫基爾快速道路的急彎惡名昭彰，費城人因此取其諧音而將這條道路稱為「Surekill／必死之路」。）

不過，相較於摩希斯，貝肯對汽車時代的讓步實在微乎其微。居民發起反對運動之後，貝肯就放棄了沿著南街興建穿城快速道路的計畫——直到今日，南街仍是費城最熱鬧的餐廳與夜生活地段。在遠東北區，他採取了興建密集市郊連棟房屋的絕佳做法，不但迎合當地的分水嶺而將街道規劃成彎曲狀，而且還透過大眾運輸與市區相連——這正是智慧型成長的典型案例，只是當時這個名詞尚未出現。五〇年代末，當地一份雜誌邀請貝肯撰寫一篇文章，預測費城在二〇〇九年的模樣。結果他正確預測出費城將會有一套由都會政府機構掌管的大眾運輸系統，將通勤鐵路、公車與地鐵連結成一個相互調和的整體（不過，他也推測費城居民到了二〇〇九年普遍都會搭乘直升機與電動走道）。到了七〇年代，貝肯對汽車的態度已轉為徹底反對。他向一名訪問者表示：「民眾對於汽車以及汽車對城市與鄉村造成的破壞開始厭惡。汽車已經失去光環，不再是一種值得為其犧牲的東西。」他退休之後，撰寫了許多文章探討「後石油城市」。在他於二〇〇五年以九十五歲之齡去世前的兩三年，他還溜著滑板橫越甘迺迪廣場，抗議市政府計畫禁止滑板運動的提案。

《費城詢問報》（*Philadelphia Inquirer*）的建築評論家薩芙容（Inga Saffron）認為貝肯留下的

影響利弊參半。她和我一同坐在中心城區一家法國餐廳的人行道露天座位上，她指出：「貝肯有兩個。一個是可惡的貝肯，認為城市需要高速公路。這個貝肯興建了賓州中心（Penn Center），這座開發案就許多面向而言都極為醜陋，但畢竟造就了一個讓企業滿意的現代辦公區域，避免那些企業遷移到市郊。另一個好貝肯則認為所有人都該搭乘鐵路進城，步行穿越地底車站前往工作地點。這個貝肯以區域鐵路、地鐵與電車把辦公區域和市府機關所在地連結在一起。不過，貝肯真正傑出之處，在於他造就出一個能讓中產階級民眾待在城市裡的方式。在戰後的城市規劃師當中，他最先意識到昔日的城市結構具有珍貴價值，可加以翻新並縉紳化。」

貝肯擔任城市規劃師的期間雖然正值費城的經濟衰退時期，他對這座城市的信心卻未曾動搖過。與其大量興建毫無特色的公共住宅，他反倒提倡「二手屋計畫」（Used House Program），將翻修過後的連棟房屋變為專供窮人居住的平價住宅。貝肯很早就開始大力支持保存史蹟，費城中心城區的社會山鄰里（Society Hill）就是在他的奔走之下免於淪落荒蕪的命運。這裡如今是個優美的鄰里，充滿林蔭巷道與雅緻的殖民地時代連棟房屋，以吸引眾多中產階級市郊居民重返市區而著稱。

貝肯在他描繪二〇〇九年的費城景象中預測：「舊費城許多地區的磚砌連棟房屋都將歷久不衰，而且能透過更新，造就出迷人的都市生活環境。另一方面，市界之外那些年代較新但規劃不盡完善的市郊地區，則不免漸趨衰頹，成為低收入族群的購屋市場。」後來，事實證明貝肯的預測極為準確：費城市郊地區遭到次級房貸風暴的衝擊之後，購物廣場內部店家撤除一空，蒙哥馬利郡這座市郊的貧窮率也躍增百分之五十。

「我住在中心城區的連棟房屋裡，」薩芙容說：「在費城，我們把這種房屋稱為『三一住宅』：就像聖父、聖子、聖靈三位一體一樣，每一層樓都有一個房間，原本還有一間戶外廚房和廁所。典型的三一住宅寬十六英尺，就像阿姆斯特丹的連棟住宅。我們家翻修過，添了房間，所以現在面積約有兩千平方英尺。」薩芙容認為充實的住宅存量是費城的市中心不曾沒落的原因之一。「和美國許多城市不同，費城中心城區的居民從來沒有流失——這點見證了費城傑出的固有價值觀。即便在市郊遷居潮達到高峰，這裡還是有致力於都市縉紳化的先驅人士。」

我們的隔壁桌有三個戴著黑框眼鏡的男子利用做工精美的專用滴水器將冰水滴入裝在高腳杯內的苦艾酒，談話的嗓音也隨著他們的情緒漸趨高昂而愈來愈大聲。薩芙容和我結了帳，一起穿越里騰豪斯廣場（Rittenhouse Square）——這個廣場仍是美國數一數二的大型公共空間——途中經過一群二十幾歲的年輕人，他們依著單車，正欣賞一場霹靂舞競賽。薩芙容指出洋槐街上的一排連棟房屋。「那裡就是貝肯住了大半輩子的地方，」她說。那是一幢正面狹窄的磚砌三一住宅，和周圍的其他連棟房屋沒有任何不同。「他把內部裝潢成非常優美的現代主義風格。」我注意到那棟房子正在標售，於是透過窗戶窺看了房屋內部。現任屋主恢復了所有原本的裝飾板條。

在費城，回收再利用的過程從未停歇。

朝著目標邁進……

費城的大眾運輸系統充滿驚奇，滿是各種時代錯置的事物。這是少數仍使用代幣的大城市運輸網。不過，購買代幣卻是一點都不容易：車站裡的販賣機通常處於故障狀態，態度冷淡出了名的服務人員通常不肯找錢，而要求乘客必須備妥剛剛好的零錢。此外，一項不曉得源自何處的工會規範更規定代幣必須以兩枚為一組販售。這裡的電車行駛於所謂的「賓州電車標準軌道」上，軌距比一般標準還寬四英寸，顯然是為了避免蒸汽火車公司接管市區鐵路。有些電車是「無軌車」——這是當地特有的稱呼，指的是由高架電線提供動力的橡膠輪胎公車——而且有一條路線仍然使用古色古香的PCC電車——這是七十年前頂尖的流線型電車。[3]此外，費城也有一支現代電車車隊，但對遊客而言卻是充滿了不確定性：前一分鐘，你可能還望著窗外，開開心心地欣賞著西費城的景觀；下一分鐘，窗外卻可能突然變得一片漆黑，原因是電車在中心城區鑽到地底下去了，而且有長達幾英里的路段都行駛在一條與地鐵平行的軌道上（不過，即便在地底下，下車之前也還是得記得拉鈴，否則司機可能會直接略過你要下車的站）。在我見識過的電車路線當中，諾里斯鎮快速線算是個比較古怪的例子：這條路線上只有一部車，急躁地在小之又小的市郊車站之間行駛。在每一座車站的露天月台上，你都得找到一枚標示相當不明顯的按鈕，按下之後就會點亮一顆燈泡，藉此讓司機知道在這裡必須停車載客。費城更是少數必須到地底搭乘高架列車的城市之一：市場—法蘭克福德線在市中心是地鐵，出了中心城區之後卻變為高架鐵路。

直到不久之前，費城居民一直都把賓州東南運輸局（Southeastern Pennsylvania Transportation Authority）視為笑話，將其謔稱為「無能局」或「呆頭局」。從這個機構的口號：「我們正在朝著目標邁進」，大概就可瞧見端倪。賓州東南運輸局由許多牛頭不對馬嘴的成員拼湊而成，包括私營電車公司與通勤鐵路線，不但服務中斷的狀況時有所聞，冗員眾多的工作人員更經常罷工而導致整座城市停擺。不過，在二〇〇九年，罷工的員工簽署了一份五年合約，新的領導階層也允諾改革老舊過時的營運文化，於是承諾已久的車站翻新工作總算得以落實。經過二十年持續不斷的危機之後，賓州東南運輸局的前景總算開始出現光明。

我找上賓州東南運輸局的新任局長凱西（Joe Casey），問他掌管這個財務上老是捉襟見肘的機構有哪些挑戰。

他告訴我：「我們在七〇年代期間接收了賓州中央公司與瑞丁鐵路公司（Reading Railroads）的資產。那兩家公司基本上都已經破產了，在旅客服務上並沒有投下多少資金。上個月，我還必須去處理四件吊架線斷落的狀況——那些高架電線都是三〇年代架設的，所以不免因為老舊而斷裂。我們的工作人員超過九千人，還得面對十七個各自獨立的工會。」

不過，根據凱西的說法，賓州東南運輸局最主要的問題是缺錢。「我們的主要資金來源是州銷售稅。這筆收入約可支應半數的營運費用。另外，聯邦政府與市政府也個別提供一筆金額不多的營運補助。這麼說你可能會比較有概念：賓州東南運輸局的載客量與華盛頓的地鐵以及波士頓的麻薩諸塞灣捷運（MBTA）不相上下，但我們一年的資本預算——也就是我們用來維護這套系統以及進行改善工作的資金——卻只有三億美元。華盛頓與波士頓的資金都大概是十億美元。」凱西表示，賓州東南運輸局的部分區域列車都已服勤了將近五十年之久。

這種資金匱乏的現象實在不幸，因為賓州東南運輸局正是專家心目中理想的大眾運輸機構。著有《市郊運輸》的澳洲大眾運輸學者米斯，分析了全球各地的大眾運輸機構，包括公營的極端案例（亦即大眾運輸機構實際上是政府部門，例如京都與渥太華的例子）乃至自由市場的極端案例（採取私人營運並且徹底解除管制，這通常只普遍見於開發中國家與英國的小城市）。米斯認為，有些營運工作雖可外包給私人公司，包括設定長期目標、設計路網、挑選適當的科技以及協調車班時刻的策略極細部規劃，卻必須由公家部門掌握，而且最好是區域規模的部門。（這種公家機構的組織有可能非常精簡。米斯舉了蘇黎世的例子：這座城市的電車與公車一年載客量高達五億人次，但策略與細部規劃機構的正式員工卻只有三十五人。）賓州東南運輸局是個區域規模的公營事業，並且保有策略與細部規劃的職權，因此，至少就理論上而言，是未來數十年負責經營費城都會區大眾運輸的理想對象。

賓州東南運輸局的區域規模為其賦予了獨特的優勢。早在一九二二年，費城就已開始購置列車，成為美國第一座擁有公有鐵路機動車輛的大城市。如同溫哥華的運輸聯線，賓州東南運輸局同時也握有幾乎整個營運區域的管理權，還在德拉瓦與紐澤西州提供額外服務。（另一個名叫港務大眾運輸公司的機構，則是負責經營從中心城區穿越德拉瓦河到紐澤西州康登（Camden）的單一地鐵線。）一九八四年，一條橫越市中心的隧道正式開通，將賓州鐵路公司的舊市郊車站與前瑞丁鐵路公司的軌道連接起來。這條由貝肯最早提出倡議的中心城區通勤隧道，讓賓州東南運輸局的區域鐵路列車得已從一座偏遠的市郊行駛到另一座，並在市中心停靠許多站。理論上，乘客可在特崙頓搭上一班通勤列車，穿越中心城區，一路搭到西栗子山（Chestnut Hill West）；或是從北方的格倫代爾（Glendale）搭到南方的機場。這種由巴黎的區域快鐵在七〇年代率先提供的市郊間運輸服務，讓費城運輸網的連接性達到大多數大眾運輸規劃者只能夢想的程度。然而，賓州東南運輸局卻在不久之前決定取消連接不同市郊的車班，所以現在大多數班車的行駛路線都只到中心城區為止。

「賓州東南運輸局是唯一自己擁有區域鐵路系統的機構，」維奇克在他位於賓州大學工程系館的研究室裡告訴我：「就算是德國，通勤鐵路也是屬於國家鐵路局所有，不是市政府的財產。賓州東南運輸局擁有完整統一的所有權，這點極為獨特。問題是，他們缺乏經營這套系統的能力。」

維奇克寫過一部探討大眾運輸的權威著作：他的《都市大眾運輸》（*Urban Transit*）共有兩冊，在許多工程學系所當中都是該科目的標準教科書。他以顧問身分協助賓州東南運輸局對區域鐵路系統進行井然有序的規劃，為每條市郊路線賦予明白易懂的顏色與名稱。維奇克對於這個機構決定扼殺北美洲唯一一套能真正達成市郊間旅行的系統深感沮喪。

「我們是第一座從有組織的系統退回缺乏組織的系統的城市。為什麼？因為賓州東南運輸局想擁有任意規劃列車行駛路線的自由，根本不在乎乘客需求。」

我指出，賓州東南運輸局聲稱他們的乘客極少有人從一座市郊搭車前往另一座市郊。

維奇克提高音量：「那是因為他們從來沒有做過任何行銷，從來沒有向大眾說明這套系統的特點！」他接著指出，費城區域鐵路的班車不同於歐洲的系統，間距都長達一個小時。「該怎麼提高頻率呢？裁減人力就對了。他們現在每班車上都有一名司機和五名車掌，而且還在車票上打洞，彷彿現在還是一九一〇年一樣。他們只要裁減人力，安裝自動收票閘門，就像其他五、六座城市已採行的做法，他們就負擔得起每半小時發一班車。」

維奇克的批評還不只如此。他說，行駛在街道上的電車必須擁有號誌優先權和專屬車道，而且費城也應該推出只停靠重要十字路口的快速公車，像是洛杉磯的快捷公車或是溫哥華的Ｂ線。

「可是最基本的問題，是賓州東南運輸局沒有穩固的資金來源，」維奇克說：「我們真正需要的是像歐洲那樣的汽油稅，並將百分之五十的稅收投注於都市大眾運輸。如此將可為費城帶來極大的改善。」

賓州東南運輸局的局長告訴我，很快就能看到部分改善措施出現。凱西指出，該局正準備推出可供整套系統使用的票卡，區域鐵路也將在二〇一二年前換上由現代集團生產的「銀色列車」（Silverliner）。

就目前而言，賓州東南運輸局為費城居民提供基本運輸服務的表現其實相當值得稱許。不同於洛杉磯的都會運輸局，賓州東南運輸局並沒有持有車站周圍的太多土地，因此促成大眾運輸導向發展的能力有限。所幸，除了戰後興建的市郊之外，幾乎所有人都住在電車、公車或鐵路站的步行範圍內。換句話說，由於長期以來以鐵路為中心的成長，費城大部分地區早已是大眾運輸導向的發展結果。

這座城市真正需要的是更好的大眾運輸。

無車的西費城

幾年前，《紐約時報》曾在生活版登過一篇報導，將費城稱為紐約的「第六區」。這篇報導提及低廉的房租與生氣盎然的藝術與音樂界，認為費城即將成為下一個布魯克林。

我能明白《紐約時報》想說的是什麼。費城至今仍是一座充滿住宅鄰里的城市，也保有紐約在縉紳化過程中排除掉的庶民文化。在費城的中心城區，似乎每隔一個街角就能看到有人在路旁吹奏薩克斯風，與兜售單根香菸和偷來的賓州東南運輸局一日乘車票的猥瑣小販競討著路人的零錢。除了著名的起司牛肉堡與潛艇堡之外，費城的飲食文化其實討人喜愛又樸實：週六上午，蓄著大鬍子的阿米許（Amish）農民在西費城的克拉克公園（Clark Park）擺攤販賣蘋果派；在瑞丁車站（Reading Terminal）——這裡原本是火車站，但現在已成為市中心一座熱鬧的市場——櫃台人員正忙著剝除牡蠣殼。有一天，我搭乘市場－法蘭克福德高架列車西行，得以俯瞰一幅幅的屋頂塗鴉飛掠而過，有如昔日公路上的布瑪牌刮鬍膏廣告。[4]那些屋頂塗鴉原本的用意是頌揚愛情的情書，但讀起來卻像是言不由衷的搭訕語句。「在五十二街和我會面，就算只有五十二秒也好」——其中一句這麼寫道。另外一句寫在一幅手機圖畫旁，內容是：「預付卡開通了／我們來通話／把時間全說完吧。」我最喜歡的一句，是用如同冰箱磁鐵般的大字寫在一片白牆上：「你當初要是在這兒／我現在就回家了。」

有一天，我租了一輛腳踏車，騎著穿行於舊城區、北自由區和魚鎮這幾個名稱引人幽思的河畔區域，從中心城區沿著德拉瓦河往北延伸。[5]這些老舊的勞工階級鄰里在近年來經歷了縉紳化的發展。費城受到「黑眼」問題困擾已久——全市據估共有四萬棟空置的住宅散布在各處，其中大部分都是門窗封閉的連棟房屋。不過，如同建築評論家薩芙容所寫的，現在從費城市政廳朝任何方向走上一個小時，都不會看見嚴重的荒蕪破敗現象。在北自由區，古老的許密特釀酒廠（Schmidt's Brewery）——一片占地十四英畝的磚造建築群——已被精心改造成一片包含公寓、餐廳與商店的區域。新建案通常是填入式建築，也就是建在既有鄰里中的空地上，當地人都稱之為「一屋建案」以及「兩屋建案」：在整個北自由區當中，連棟房屋之間的空地都逐漸被一、兩棟房屋的微型建案所填滿——這是大眾運輸導向發展當中最不具侵入性的一種案例。河畔區域都以市場—法蘭克福德線上的車站為重心，搭車只要二十分鐘即可抵達賓州大學與那些至今仍是費城最大私人雇主的醫院。

我若是打算在這裡定居，一定會從西費城開始找房子。只要越過斯庫基爾河即可抵達中心城區的西費城，在南北戰爭至經濟大蕭條期間從一座時髦的上層階級聚居地轉變為中產階級的電車市郊。直到今天，電車路線仍然遍布於這片鄰里內，公寓街區則與一九〇七年延伸至西費城的高架鐵路平行。這裡的住宅都是三到四層樓半的宏偉建築，看起來氣勢極為驚人。安妮女王式與羅馬復興式建築雜處在同一塊街區上，但大多數的街道兩旁都是排列著日耳曼式喬治亞風格的連棟房屋，結合了條頓人與不列顛人的建築傳統。（這裡讓我聯想起布魯克林的公園坡，房屋前方沒有水泥階梯與逃生梯，而是門廊與階式山牆。）戰後，西費城龐大的莊園宅邸都被劃分成一個個小型的出租單位；隨著昔日的盎格魯新教與愛爾蘭天主教居民遷至市郊，非裔美國人口於是開始湧入這裡。不過，白人撤離市區的現象在費城並不像底特律或巴爾的摩那麼徹底。早在六〇年代，都市先驅就堅定地待在市區內。由前貴格會信徒發起的新社會運動（Movement for a New Society），成員都定居在巴爾的摩大道附近，組織鄰里巡邏隊並指派街區長以減少犯罪。[6] 賓州大學的校園不但是這個地區的經濟與文化中心，後來也成為促成復興的力量。轉捩點是在一九九六年，當時一位生化學家因為試圖阻止匪徒搶人皮包而遭刺殺，賓州大學事後便對西費城展開一項日後累積達十億美元的投資。

「我在十年前剛住進這裡時，」同意為我導覽這座鄰里的麥可・弗羅利赫說：「巴爾的摩大道上什麼都沒有，至少絕對沒有瑜伽教室、針灸診所和印度餐廳。」我們坐在第四十七街上的越南咖啡廳裡，等著我們的咖啡滴在淡奶上。「有沒有看到對街那棟雙拼住宅？」弗羅利赫指向一幢三層樓的雙拼房屋，上有凸窗，前門還有一座寬敞的門廊。「那棟房子的價格大概要六十萬美元，看內部裝潢的狀況，可能高一點，也可能低一點。十年前，那樣的房子只要六萬就買得到。那些花俏的街燈、經過整修的人行道，還有巴爾的摩大道上的旗幟，都是賓州大學對這座鄰里的投資。」

弗羅利赫出生於匹茲堡，在俄亥俄州長大；他在九〇年代末期來到費城修習政治學。現年三十五歲左右的他是一位法扶律師。我們走在巴爾的摩大道上，他一一列出他那個街區上的鄰居：「街角是出租公寓，住在一樓的是個美髮師，三樓住著一個律師和一個圖書館員，他們有一個小孩。隔壁是狄克森夫婦，那對白人老夫婦在這裡已經住了三十年。住在他們隔壁的是托利維夫婦，一對黑人老夫婦；先生是退休保全員，太太是護士，還在上班。他們這輩子都住在這裡。接著就是我們，還有在這裡住了三十年的桃樂絲，她是賓州大學的退休行政人員，現在是我們的街區長。另外，還有一個韋恩校區的教授，以及專門租給大學生的房子。」

弗羅利赫的住處是一棟已有一百一十年歷史的四層樓磚砌連棟住宅，位於第四十八街與拉赫伍德大道（Larchwood Avenue）交叉口。我們走到他家的門廊，他的兩歲女兒柔拉隨即跳進他的懷抱。在兼作單車放置室的客廳裡，弗羅利赫向我說明了他家中的規劃。「我的伴侶蘇珊娜和我還有我們的室友艾莉希亞，在三年前一起買下這棟房屋，價格只比三十萬多出一點點。我們共同使用前門，艾莉希亞住在三、四樓。這棟房子的面積超過三千平方英尺，還加上一個地下室、門廊、一個露天陽台和後院。」如同我在西費城見到的所有住宅，弗羅利赫的住處也保有種種醒目的設備：寬板橡木地板、精美的裝飾板條與花飾鉛條凸窗，使得這棟房屋看起來有如《阿達一族》（Addams Family）主角家族的那幢宅邸，就只差蜘蛛網而已。三樓另有一間廚房，艾莉希亞帶我參觀她如何將未完工的閣樓改裝成一間擁有絕佳景觀的臥房，從窗子可以越過鄰屋的屋頂，看見遠方的景色。

這棟屋子裡沒人擁有汽車。「我二十歲出頭的時候，曾有六個月的時間擁有一輛老舊的豐田轎車，」弗羅利赫說：「可是我後來就都過著無車生活了。」我在廚房內見到弗羅利赫的伴侶蘇珊娜，她正忙著阻止笑個不停的柔拉鑽進兩個架子間。「我們的女兒出生之後，」弗羅利赫說：「我們決定觀察個一年，看看我們是否需要買車。」

「我們一開始討論了很多，」蘇珊娜說：「少數幾次真正需要用車時，我們都利用費城汽車分享俱樂部（Philly Car Share），就像利波卡汽車（Zipcar）一樣。感覺還滿方便的。」蘇珊娜說她比弗羅利赫更常搭賓州東南運輸局的大眾運輸。「麥可都騎腳踏車帶柔拉去托育中心，可是我還是不太敢在費城的街上騎車。」她在中心城區工作，擔任家暴防治講師，每天都搭電車通勤，並且搭公車到各地出席研討會。

蘇珊娜說她對過著無車的生活並不後悔。騎單車以及搭乘大眾運輸為這個家節省了許多錢，而我對這點也毫不意外。根據布魯金斯研究院（Brookings Institution）的一項研究，美國住在大眾運輸附近的家戶，花費在交通上的支出只占收入的百分之九，開車的家戶則是百分之二十五。弗羅利赫和蘇珊娜都說，無車生活讓他們得以維持身材。由於前往公車站或地鐵站的旅程都得走路，因此美國的大眾運輸乘客每天平均走路十九分鐘——接近於美國疾病管制局提出的每天溫和運動二十二分鐘的建議。（大眾運輸甚至可能具有減肥效果：一項針對北卡羅萊納州夏洛特的研究發現，輕軌乘客開始搭乘輕軌半年之後，體重就比汽車駕駛人少了六．五磅。）

不過，弗羅利赫坦承他對費城的大眾運輸稍有怨言。直到不久之前，他一直撰寫著一個名為「賓州東南運輸監看站」（SEPTA Watch）的部落格，內容記述每天在費城搭乘大眾運輸的樂趣和缺點。他說，大眾運輸的服務人員通常不太親切，也欠缺路線與服務的更動資訊；此外，票務系統實在該徹底翻新，區域鐵路的列車班次頻率也至少該提高到每半小時一班。不過，整體而言，他對這套系統在涵蓋市區的範圍相當滿意。

「如果有更多中產階級搭乘賓州東南運輸，這套系統改善的幅度就會更大，」他說：「可是這套系統要是不改善，中產階級就不太可能會想搭乘。可惜，大眾運輸的問題就和雞生蛋、蛋生雞的問題一樣。」

「我後來沒再寫那個部落格了，因為我覺得自己這樣好像有點裝模作樣，」他坦言：「我本來以搭乘賓州東南運輸為主，但現在我已經變成以騎腳踏車為主了。」弗羅利赫每週還是會搭乘大眾運輸一兩次，可是現在他發現，走路和騎單車的效率其實不會比較差。

弗羅利赫有許多朋友也都過著無車的生活。我們在街上和埃利爾聊了一會兒。他在艾利山的一座火車站旁長大。埃利爾現年三十歲，卻從來沒學過開車。他告訴我：「兄弟啊，我參加過一場派對，結果派對上有個朋友說，這裡有五個人都是到三十幾歲才學開車。這在費城是很典型的現象。我只有搬家時才後悔過自己沒有駕照。」

西費城的居民所過的生活，在有些人眼中可能顯得頗為反常。不過，我們不該忘記美國有百分之三十五的人口甚至連開車的機會都沒有：他們可能年紀太小，可能年紀太老，可能身體太虛弱，可能太窮，或是因視力缺陷而不能開車。就目前而言，美國為數一億五百萬的家戶只有六百萬住在距離高頻率大眾運輸車站半英里的範圍內（儘管這個數字預計將在未來二十年增加一倍以上），也就是說，如果你想減少依賴汽車，就得住對地方——最好是住在一座在汽車普及之前就已發展成型的社區。西費城是全美公認的歷史電車地區，但幾乎每一座城市都有這樣的鄰里。東波特蘭、克里夫蘭的沙克崗、柏克萊的艾胥比車站、波士頓的洛斯貝里以及華盛頓特區的阿納卡斯蒂亞（Anacostia；現在這裡已出現縉紳化的發展，成為非裔美籍專業人士的聚居地），都是古典電車市郊，擁有適宜步行的街道。[7]就連鳳凰城也有史多利社區（F. Q. Story Neighborhood），那裡有這座城市在戰前設置的小型電車網絡，也是鳳凰城少數在次級房貸風暴之後房價沒有暴跌的區域之一。有意促成大眾運輸導向發展的規劃者，應當把焦點集中在這類區域，因為這類區域對於密度的容忍度通常高於後來出現的市郊地區。

費城正處於絕佳的立場，足以在即將來臨的都市復興中受益。這座城市擁有絕佳的結構，也有像社會山、河畔區域和西費城這類極佳的鄰里。此外，費城還有賓州東南運輸局的大眾運輸設施。這套系統儘管有不少缺點，卻具備良好的基礎，可提供優秀的服務與廣泛的涵蓋範圍。這套系統唯一需要的，就是多一些像弗羅利赫和他的家人這樣的乘客。

頭腦不清的選擇

我已有心理準備，搭乘大眾運輸，以及在費城紛亂的大街上騎乘租來的單車，恐怕不免會讓人不太自在。畢竟，這座城市可是惡名在外。不過，我實際上卻沒有碰上任何麻煩。儘管我遇到的每個人都說腳踏車在這裡很容易被偷，我攀談的大眾運輸乘客卻都不曾在費城的大眾運輸上目睹過嚴重的犯罪行為。他們唯一抱怨的是青少年放學後的行為——不過，這是世界各地的大眾運輸都避免不了的問題。

地鐵與公車雖是電視影集與電影最喜歡利用的犯罪場景，但在真實生活中，大眾運輸系統其實都受大量警力的巡邏保護，現在更受到監視器監看；統計數據顯示，即便在犯罪猖獗的九〇年代，在大城市的地鐵中還是比走在地面上的街道安全。（不過，有一類的大眾運輸犯罪倒是在過去幾年來大幅增加：也就是趁機竊取ＭＰ３播放器與手機。）

我瞭解我父母那一輩為什麼會逃離城市而遷居市郊。在六〇年代，竊盜與攻擊行為日益增加，暴動也使得人心惶惶，而且當時大眾能明確感受到各地的都市鄰里都陷入衰頹。不過，時代已經改變了。目前美國的重大犯罪率已降到四十年來的新低點。這項趨勢在大城市裡更是引人矚目。二〇〇九年，紐約的凶殺案件數達到該市自一九六三年開始保有精確記錄以來的最低點。（下滑的曲線在二〇一〇年微微上揚，但謀殺案件數仍然僅有一九九〇年高峰期的四分之一。）在過去十年間，費城的暴力犯罪案件數減少的幅度每年都達雙位數，謀殺率自從九〇年代以來也減少了四分之一。事實上，唯一呈現上升趨勢的顯然只有對於犯罪猖獗的觀感。根據蓋洛普的調查，在二〇一〇年之前的五年間，每年都有超過三分之二的美國民眾指稱他們認為美國的犯罪情形比前一年更糟。

我的意思不是說觀感不重要。沒有人會想住在自己覺得不安全的地方，更遑論在那樣的地方養兒育女。不過，人口結構已經出現變化了，像費城這樣的古老大城都已比過去數十年來安全得多。《美國新聞與世界報導》在二〇一一年分析了聯邦調查局的犯罪統計數據，列出一份全美最危險的城市名單。前五名依序是聖路易、亞特蘭大、伯明罕、奧蘭多與底特律。在聖路易與亞特蘭大，遭到謀殺、搶劫、竊盜或汽車失竊的機率比全國平均高出五倍。

這是一份相當值得注意的名單。這些全美犯罪率最高的城市似乎都有一項特色，就是同樣擁有高度蔓延的都會區域——大聖路易地區的面積將近八千五百平方英里——而且因為大眾運輸衰微不振而導致居民幾乎只能完全仰賴汽車。

任何一名有責任感的犯罪學家都一定會說，只有頭腦不清楚的人才會把關聯性和因果關係混為一談。儘管如此，我們還是不免要問：如果你認為自己的交通和居住選擇有助於自己避免遭受犯罪的危害，實際上卻是讓自己暴露於更高的危險當中，這不才真是頭腦不清楚的表現嗎？

橡膠輪胎與鐵路

提到居民密度、工作場所叢聚以及大眾運輸載客率等議題，城市規劃者都可侃侃而談；奇怪的是，他們對於膚色在大眾運輸當中扮演的角色卻是緘默不語。儘管如此，世界上的許多城市內，階級、人種、宗教與族群都可能是影響民眾如何選擇交通方式的重大因素。在費城，你只要一踏上公車，就不免立刻注意到這一點。

某天上午，我在北十二街搭上北向的二十三號公車前往栗子山。公車在滿載的情況下駛出中心城區，但隨著我們行經天普大學（Temple University）周圍那些低矮的公共住宅，車上的乘客也就陸續下車。抵達派克街的街角之後，我們的女駕駛在路旁停下車，然後拿出一份小報看了起來——任何一個趕時間的大眾運輸乘客，都知道這絕對是個不妙的徵象。她把車門開著。那天天氣很冷，坐在我前方一個單人座上的白髮男子喊了一聲：「司機小姐，至少把門關上嘛！」

不過，接著就有另一輛公車經過，只見一名賓州東南運輸局的公車司機下了車，為自己遲到向我們這位女司機低聲道歉，接著就坐上駕駛座。經過十分鐘的等待之後，我們總算繼續沿著德國城大道（Germantown Avenue）向北行駛，經過門窗都封了起來的浸信會教堂、金恩博士與「黑奴的摩西」塔布曼（Harriet Tubman）的壁畫、支票兌現商店與刺青館，以及鐵絲網圍牆上方架設了刀片刺網的空地。一個講著手機的女子上車之後即快步從司機身邊走過，司機立刻把她叫了回去，仔細檢查她的票卡。

後方突然冒出一道響亮嗓音：「喂，司機！別分心看車票！開慢一點，你開車太危險了！」

我回頭一看：高聲大喊的那個男子圓瞪著雙眼，滿臉鬍渣，身穿一件黑色的連帽衫。的確，我們的公車急停急駛，甚至還闖過了一個紅燈；這個接班的司機顯然極力想彌補剛剛遲到的時間，趕上原本的班車時刻。

幾站之後，那個身穿連帽衫的男子大踏步走到公車前方。

「你的員工編號是幾號？」他大吼：「你開車太危險了！車上所有人的安全都握在你手裡耶！我真該直接揍你一拳！」

坐在我對面的一名中年婦女哀求道：「別打他！我上班快遲到了！」

司機和那名男子互瞪了好一陣子，那人才總算下了車。

我們再次上路之後，我前方那個年紀較大的男子移到公車前面的板凳座位去安撫司機的情緒。

「該死的毒蟲！」他搖著頭說。

「我已經五十歲了，」司機喃喃說道：「我可不打算在自己的公車上被打。」

我們開到德國城大道北端路段時，車上只剩下我和坐在我對面的那名婦女。

「司機先生！」她開口說道：「你剛剛開得太快，現在又開得太慢。我中午就要上班，現在已經晚了四分鐘了！我的工作是不能遲到的。」

我們當時行駛在北費城，那是一片以高犯罪率著稱的三不管地帶。不過，順著德國城大道抵達栗子山時，街道兩旁的景觀已轉變為理想中的美國小鎮：古董商店前方懸掛著花盆，年輕夫婦帶著幼兒在一家高檔咖啡廳前的長凳上啜飲冰咖啡。我下了車，漫步在僻靜的小街道上，路旁的兩層樓連棟房屋不久之後就將變為中央大廳式的殖民地復興風格建築，以及占地五英畝的木質骨架外露式都鐸建築。栗子山原本是一座鐵路市郊，在一八五〇年代由賓州鐵路公司的一名股東建成，為費城的白人菁英提供一處避難所，遠離擁擠不堪而且住滿外來移民的市區。這裡至今仍是一塊上層階級聚居的飛地，與中心城區隔著費城幾座最破亂的鄰里。

一個小時之後，我走到了東栗子山火車站，車站的木構頂棚月台看來儼然是我兒時玩過的那些火車模型仿造的對象。一班區域列車正停在軌道上等待乘客。我上車之後，看到一名蓄著八字鬍的車掌阻攔一名講著手機的婦女進入「寧靜車廂」。

「現在每個人都有手機，」他慢聲慢氣地說著，一面翻了個白眼。「這是新時代的美國，不過我還真懷念舊時代的那個美國。」

這班列車把我載回中心城區，平穩地行駛在穿越草木的軌道上，經過一幢幢市郊住宅的寬敞後院。另一位車掌走了過來，逐一為乘客剪票——就像賓州東南運輸局的批評者維奇克指出的，彷彿現在還是一九一〇年似的。

到中心城區的單程車票要價五美元。車上的所有人，包括車掌在內，都是白人或亞裔人士。

以較低的舒適度行駛同樣距離的二十三號栗子山公車，搭乘一趟的車資只要一美元五十五美分。那班公車上的所有人都是黑人。

為了對進一步瞭解這種服務差異，我於是找上了戴維斯（Adriene Davis）——他的朋友都叫他小戴——詢問他在費城搭乘大眾運輸的經歷。小戴是我在蒙特婁認識的費城人。當時他抽著菸斗，走在我們那條街上，想要找個美味的漢堡充飢。我為他導覽了那個鄰里，於是他告訴我，說要是有機會到費城，一定要去找他。小戴住在西費城，幾乎每天都會搭乘電車到德國城與桑拉樂團（Sun Ra Arkestra）排練。自從九〇年代以來，他就在這個傳奇的自由爵士樂團裡吹奏伸縮喇叭。

「賓州東南運輸是很棒的大眾運輸，」小戴對我說：「我在堪薩斯市長大，那裡每個人都有車。賓州東南運輸涵蓋了費城各處，涵蓋了城裡每個小角落和每個小縫隙。」小戴唯一的不滿是旅客資訊不夠充分。我們約在舊城區的一家酒吧見面，結果他因為電車卡在隧道內而遲到了二十分鐘。「你只能坐在那裡枯等，沒有人告訴你目前的狀況。我其實可以到車頭去問司機，可是我實在不喜歡被人無禮地對待。」

不過，小戴認為在費城還是該搭賓州東南運輸。那些電車、公車與高架列車都便宜、快速又安全；他根本沒有必要搭乘比較貴的區域鐵路。「很多列車載運的都是從市郊來到市區的人。公車上的黑人大部分都是工作人口，每天搭車往返工作處，而不是開車。這些人都是費城的工作人口。」小戴坦承他自己對費城的縉紳化發展感到憂心。他住在賓州大學附近的一間「效率公寓」裡——這是當地人對於一房一廳公寓的稱呼。「就一定程度而言，看到人口回流市區感覺很好。不過，這樣又不免造成房價上漲，導致很多在這裡住了許多年的人都因為負擔不起而只好搬走。」我問小戴想不想去魚鎮，因為那裡的賓州條約公園（Penn Treary Park）正在舉行一年一度的鯡魚節，但他婉拒了。「我聽說那個鄰里的種族歧視很嚴重，」他說。小戴是非裔美國人，魚鎮則是個傳統上由愛爾蘭勞工階級聚居的地區。「我有個朋友是聯邦快遞的司機，曾經在魚鎮遭人毆打，就只因為他是黑人。」

這點提醒了我們，種族的地理分布在費城可能仍是個問題。不過，全美各地都有不少徵象顯示大眾運輸昔日的種族區隔現象已經開始改變。隨著年輕人返回當初嬰兒潮世代逃離的城市，大眾運輸上——尤其是地鐵與輕軌——愈來愈多元化的乘客也反映出整體社會的種族融合現象。建築評論家薩芙容認為這是時代的徵象。「我很高興看到那些新潮世代進住中心城區和北自由區，」她對我說：「他們是後民權運動的世代。他們沒有經歷過種族融合校車措施，也沒有經歷過那些都市暴動。他們在市郊長大，完全沒有我這個世代的一大堆種族包袱。他們對於能在城市中生活深感興奮。他們對於搭乘地鐵和公車完全沒有任何猶豫。」

這種社會改變如果要持續下去，公共空間也得持續擴展。正如購物廣場扼殺了商店大街與人行道、柵欄社區取代了真正的鄰里，私人汽車也篡奪了過去由地鐵、公車與火車所共享的社會空間。一個社會一旦消除了公共空間——你和自己的同胞唯一的接觸如果都發生在時速五十五英里的情況下，而且還受到層層玻璃的阻隔——這個社會就會喪失對自己的認識，進而開始相信各種荒唐的謊言：例如犯罪猖獗不已、人與人之間沒有一致的利益、不同的種族與階級沒有共同的立場。我的意思並不是說費城已將成為平和的蘇黎世或毫無衝突的哥本哈根：階級與種族的歷史區隔在這裡堪稱根深蒂固。不過，有許多證據顯示，種族的地理區隔與公共空間的私有化等發展已逐漸趨緩。而且，不論是好是壞，地鐵、公車與火車長久以來都是社會的重要集會處所：蘿莎・帕克斯（Rosa Parks）在一九五五年於阿拉巴馬州的一輛公車上拒絕讓位給白人乘客，當時大眾運輸就提供了一個能讓人對種族歧視提出挑戰的公共空間。費城民眾搭乘大眾運輸的習慣從來不曾消失，這對於未來顯然是個吉兆。

不是每個人都對未來如此樂觀。我在費城訪問的第一個人是黎辛斯基（Witold

Rybczynski），他是現代建築的傑出文學家。我很喜歡他優美的文筆，但他對於汽車在北美大都市的演化過程中所扮演的角色卻不當一回事，而且我對他認為費城沒有前景的觀點也頗感意外。

「費城已經衰退幾十年了，」他對我說：「這座城市的問題是窮人太多，不識字的人口太多，生活在貧窮線下的人口太多，而且失業率又高。」黎辛斯基對於市中心荒蕪沒落的情景記憶深刻。「我記得我搬來這裡之前，曾經和朋友走訪舊城區，結果那裡的街道上竟然有野狗。那裡是個空空蕩蕩的地區，很可怕。」

不過，黎辛斯基認定美國人的自然棲地不是城市，而是市郊。從《城市生活》（*City Life*）、《金窩、銀窩、狗窩》（*Home*）乃至《最後的收成》（*The Last Harvest*），他不斷在他的著作中宣稱獨立的單戶市郊住宅是英國與美國人注定的居住型態，而且他也認為市郊的蔓延純粹是出於民眾喜歡住在市郊。「蔓延發展向來都是都市化的固有現象，」他寫道：「促成這種發展的原因不是立法者的規範、建商的行為或是城市規劃師的理論，而是千百萬的個人所做出的決定——也就是亞當．史密斯所謂的『看不見的手』。」聲稱單戶住宅在都市邊緣的蔓延現象純粹是個人選擇的結果，乃是忽略了這一點：在戰後的幾個世代的時間裡，美國政府的政策導致這種蔓延發展成為大眾唯一的務實選項。

此外，黎辛斯基在他的著作裡也沒有提及促成美國市郊的那些負面力量：高速公路的興建鏟除了許多原本生氣盎然的鄰里；銀行將貧窮區域列為拒絕往來戶的行為，也導致了都市沒落。黎辛斯基從加拿大搬到費城，以便在賓州大學教書，他所選擇的家園尤其是白人逃離市區現象的鮮明例證。到了六〇年代末，將近二十五萬的白人人口都離開了費城市中心，遷往像巴克斯郡的利未城這樣的市郊地區。一九五七年，曾有一對黑人夫婦想在這座典型的市郊住宅區買屋，結果卻被兩百名市郊居民拋擲石頭趕回原本的住處。（直到二〇〇〇年，利未城的非裔美籍居民仍然不到百分之五。）

黎辛斯基自己住在栗子山的舊鐵路市郊。我問他對於人口回流中心城區及其周遭鄰里的現象有何看法，他認為這項發展並不具備人口學上的重要性，並且指出費城的管弦樂團剛在不久前破產。這的確是個令人難過的消息，但絕非都市沒落的確切證據。

我認為費城已經開始復興，這座城市展現的活力也許和黎辛斯基這類人士心目中的想像不同，卻更具耐久性，能發展出許多適宜居住的良好鄰里。促成此一復興發展的力量，是像費城靈魂樂先驅製作人甘博（Kenny Gamble）這樣的人士。他搬離自己位在主線上的舒適住宅，在南區買下許多遭到遺棄的房屋，將其裝修成平價住宅，鼓勵非裔美籍民眾購買屬於自己的家。這種做法的首倡者是貝肯——他在六〇年代想出一項促使黑人民眾參與城市規劃過程的計畫，而且他從未搬離自己位在中心城區的連棟房屋，也顯示出他對費城的信心。此外，像弗羅利赫一家人這樣的民眾也會更加促進這樣的發展，因為他們都深深致力改善自己居住的社區。

我敢說這種都市復興的發展不是曇花一現，而是一項全國長期趨勢的開端。自從進入新世紀以來，全美前五十大都會地區當中已有二十六個地區的市中心住宅建案比例出現一倍以上的增長。單戶住宅的建案量在這短時間內大幅下滑，絕大多數的新建案都是多戶住宅與公寓大樓。蔓延發展的時代可能已經過去了：你若是把受到大眾運輸服務的市中心區、內圍的舊市郊地區和小型城鎮的人口加總起來，即可發現人口已經明顯超過全美人口的半數。

大眾運輸若是單靠著自己的力量，就算搭配最新的都市主義，也絕對不足以復興一個經濟處於蕭條狀態的地區。如果沒有工作可讓人前往謀求生計，那麼全世界最先進的公車捷運與輕軌系統也將毫無用處。不過，在即將到來的都市復興中，大眾運輸將會是至關重要的元素。在這個能源價格節節高漲的時代，大眾一旦體認到適宜居住與步行的城市鄰里是養兒育女的迷人環境，像費城這種擁有良好大眾運輸與絕佳都市結構的城市，就會出現繁榮發展。「第一城」也許永遠達不到紐約、上海或倫敦那樣的國際地位，但我個人的猜測是，再過不久，費城將會成為一個極佳的居住地。

這項發展老早就已經開始了。

1 必須仰賴大量補助的航空業，就是靠美國聯邦政府的高額補助才得以存活。舉例而言，小型機場就深深受益於「基本航空服務」（Essential Air Service）這項鮮有人知的計畫——這項計畫平均為每名航空乘客提供七十四美元的補助，將近美國國鐵所得補助的三倍。

2 矩形格狀規劃作為結構元素可追溯到羅馬帝國以及古中國的城市。威廉・賓採用的格狀規劃後來影響了一八一一年紐約市委員藍圖（New York City Commissioners' Plan of 1811），但最徹底的直線式規劃出現於一八六二年的公地放領法案（Homestead Act），將殖民地以西的國土全劃分為一百多萬塊一百六十英畝的方形土地。

3 譯注：PCC電車的全名為「電車總裁聯盟委員會電車」（Presidents' Conference Committee Streetcar），是一九三〇年代集結全美各大都市電車營運業者的代表所設計而成的電車。

4 譯注：布瑪牌刮鬍膏（Burma-Shave）是美國的一個刮鬍膏品牌，其著名的廣告手法是在公路旁設置一連串的廣告牌，每一面都只有短短幾個字，結合起來即串成一段引人莞爾的廣告打油詩。

5 有些單車擁護者認為費城這座平坦又相對緊密的城市，將可成為美國的首要單車城鎮。這座城市擁有超過兩百英里的休閒單車道，而且納特市長無懼汽車駕駛人抗議，在最近沿著松樹街（Pine Street）和雲杉街（Spruce Street）鋪設寬敞的單車道，造就一條穿越中心城區的實用東西向單車路線。

6 街區長受市政府正式承認，負責協調鄰里守望與社區清理計畫。

7 網路上有個網站是這些地區的絕佳指南，網址為：http://www.walkscore.com。這個網站對全美各個都市地區進行評分，零分是徹底「依賴汽車」，一百分則是「行人天堂」。